ARNO WILHELM

BABYPOESIE
GEDICHTE MIT BAUCHZWERG

*für meine Frau
und unsere Kinder*

2. Auflage

Die erste Auflage dieses Buches erschien 2013 im
Periplaneta Verlag, Edition Reimzwang.

Bibliografische Information der Deutschen
Nationalbibliothek: Die Deutsche
Nationalbibliothek verzeichnet diese Publikation
in der Deutschen Nationalbibliografie; detaillierte
bibliografische Daten sind im Internet über
dnb.dnb.de abrufbar.

Herstellung und Verlag:
BoD – Books on Demand, Norderstedt
ISBN: 978-3-7481-8102-6

Cover und Zeichnungen: Nicole Altenhoff
(www.nicoletta-illustration.de)
Autorenbild: Yasmin Beyaz (murex Fotografie)

KAPITEL 1:
KINDERWUNSCH

Ich wäre gern ein Kind

An langen arbeitsreichen Tagen
ohne Antwort, voller Fragen
ohne Ruhe, voller Müh
arbeitsam von morgens früh
stetig bis zur späten Nacht
Wenn nichts passiert was fröhlich macht
dann kommt's mir manchmal in den Sinn:
Wär gerne anders als ich bin

Ich wäre gern ein Kind
weil Kinder einfach einfach sind
jünger, kleiner, faltenfrei
die Welt wäre mir einerlei
Auf kurzen Beinen würd' ich stehen
würd' den Tellerrand kaum sehen
doch große Sorgen hätt' ich auch:
Was drückt und zieht in meinem Bauch?
Wo ist mein Spielzeug hingekommen?
Wo ist die Mama hingeschwommen?
Warum muss ich jetzt ins Bett?
Warum ist der Onkel nett,
aber die Tante ist es nicht?
Wieso verzieht die das Gesicht?
Warum riecht es hier so streng?
Wieso ist meine Windel eng?

Ich wäre gern ein Kind
weil Kinderwelten kleiner sind
passt was nicht, weint man ein wenig
und gleich ist man meist wieder König
reicht das nicht, dann schreit man eben
als ging es einem an das Leben
danach freut man sich dann im Stillen
jetzt hat man schließlich seinen Willen
und wenn nicht wird man schnell abgelenkt
weil der Opa Spielzeug schenkt
oder wer Grimassen zieht
oder was lustiges geschieht
man kann so viel man will verschmutzen
muss nicht aufräumen, nicht putzen

Am Tagesende wird man dann
weil man kaum noch gucken kann
ins Bett gesteckt samt Kuscheltier
ein Elch vielleicht, oder ein Stier
man kennt das Wort dafür ja nicht
irgendwo brennt ein kleines Licht
das böse Geister draußen hält
aus unserer kleinen schönen Welt

Ich wär so gern wieder ein Kind
weil Kinder einfach knuffig sind

Die Uhr tickt

Ich seh's in ihrem Blick
ich hör's in ihrem Ton
seit Monaten
geht das nun schon
es ertönt ein leises Tick Tack Tick

Es sitzt mir im Genick
es zehrt an meinen Nerven
niemand ist gewillt,
die Stimmung zu entschärfen
es ertönt ein leises Tick Tack Tick

Die Uhr in meiner Liebsten tickt
sie will so gern ein Kind
doch da wir uns nicht einig sind
wird noch am Kompromiss gestrickt

Ich hätt' auch gern ein kleines Wesen
egal ob Mädchen oder Bube
süß, mit guter Kinderstube
zum lieben und Gedicht-vorlesen

Was mir daran so sehr missfällt
ist unsere finanzielle Lage
doch ihr kommt eine Idee,
und als ich sie danach frage
fällt das Schlagwort: Elterngeld

Das hilft uns übers erste Jahr
danach endet die Studienzeit
und ebenso die Sparsamkeit
sie rechnet's vor, ganz ruhig und klar

Ich sehe einen Hoffnungsschimmer
in ihrer Kalkulation
wem nützen viel Bedenken schon?
Na dann mal auf ins Schlafeszimmer

Alles Gute

Alles Gute wünsch' ich dir,
du meine liebe, schöne Frau
ich hab dich so gern bei mir,
weil ich dich lieb und dir vertrau

So viele Jahre sind's nun schon
und die Pläne gehen voran
Wird's eine Tochter? Wird's ein Sohn?
Wir planen, was man planen kann,

Miteinander fröhlich leben,
mit Freude und mit Kind und Kegel
und sollt' es mal Konflikte geben,
streichen wir niemals die Segel

Kaufen erste Babysachen
während wir auf Zukunft hoffen
dekorieren, planen, lachen
so viel wie eben nötig zoffen

Ob am Meer, ob in der Stadt,
von Grün umgeben oder Teer,
spazieren hier oder im Watt,
mit dir ist glücklich sein nie schwer

Und glücklich bin ich, das ist wahr,
und fröhlich sogar, ganz bestimmt
drück oft die Daumen mir und dir,
hoffe klar, dass manches hier,
ein positives Ende nimmt!

Mit dem erhofften kleinen Wesen
werden wir viel Freude haben
an der Wiege statt am Tresen
uns an seiner Liebe laben

Und es labt sich an unserer Liebe
wird bespaßt und gut erzogen,
kriegt niemals irgendwelche Hiebe
nicht vom TV zurechtgebogen

Ganz kuschlig wird es mit dem Kleinen,
oder der, das kommt drauf an,
und fulminant wird's, will ich meinen,
wenn man zu dritt kuscheln kann

Wir warten, was die Zukunft bringt,
und freuen uns aufs nächste Jahr
genießen fröhlich und beschwingt
meist nüchtern und im Geiste klar

Unsere Liebe miteinander
und viel Gesundheit hoffentlich
auf Wegen die ich mit dir wander

Ach mein Schatz, ich liebe dich!

Nachtgedanken eines Kindes

Wenn ich groß bin, werd' ich gehen
mit Schirm und Charme und gern gesehen
der Welt zeigen, wer ich bin
furchtlos mit gehob'nem Kinn

Alle Länder bereisen
mit Reichen und mit Armen speisen
jedem helfen, wo ich kann,
auch mal spenden dann und wann

Schwierige Probleme klären
den Frieden und den Wohlstand nähren
die Umwelt retten, Meere säubern
kämpf' mit Dieben und mit Räubern

Bring sie auf die richt'gen Pfade
helfe jedem voller Gnade
selbständig und stolz und schön
so werd' ich, wenn ich groß bin, gehen

Doch jetzt so für den Moment
wo ihr Erwachs'nen alle pennt
hab ich Angst und denk verlegen
darf ich mich vielleicht zu euch legen?

Sorgenvoll

Das Jahr schreitet weiter voran
Pläne wachsen und gedeihen
nehmen weiter Formen an
ich hör im Geiste Kinder schreien
hör sie lachen, sprechen, singen
wie sie fröhlich mich umringen

Doch Sorge liegt im Hintergrund
Wird das Kind denn auch gesund?
Und noch größere Ängste lauern
Vermag ich es, ein Kind zu zeugen?
Es lässt mich jedes Mal erschauern
dieser Frage mich zu beugen

Ich hoffe so, dass alles klappt
dass dem Kind das Atmen taugt
kaum auf der Welt nach Luft es schnappt
schreit und an der Mutter saugt
es sein Leben gern genießt
munter auch gen Himmel sprießt

Es ihm an nichts fehlen muss
es wächst und sich auch gut entwickelt
und unschuldig ohne Verdruss
mit Lego-Steinen munter frickelt

Der Gedanke macht mir Mut
ich hoffe sehr, alles wird gut

Wartezeit

Hoffnungsvolles Warten
zieht Wochen und Tage lang
nervös auf unzählige Arten
gerne frag ich dann
die Liebste mehrfach jeden Tag
Hast du heute schon geblutet?
Weil ich Papa werden mag

Am Anfang war's noch unvermutet
langsam wird's zum Ritual
jeden Abend, Mittag, Morgen
die Liebste meint: Alles normal
mach dir jetzt noch keine Sorgen

In ein paar Tagen wird sie's wissen
ob da denn demnächst was geht
'ne klitzekleine Chance besteht
bis dahin bin ich angeschissen

Kann nichts tun als Stunden zählen
mich durch Alltagsfragen quälen
abgelenkt die Zeit totschlagen
und stündlich meine Frau befragen

Schwangerschaftstest (negativ)

Pipi trifft den Plastikstift
jetzt heißt's warten, Daumen drücken
und im Geiste Blumen pflücken
um nicht völlig durchzudrehen
und ständig auf den Test zu sehen

Hoffen auf den zweiten Strich
doch erscheint der leider nich'
die Linie, sie bleibt verschollen
Schatz, versuch jetzt nicht zu schmollen

Wisch die Tränen rasch beiseite
wir suchen jetzt ganz schnell das Weite

Man muss auch das Gute sehen
komm, lass uns einen trinken gehen

Schwangerschaftstest (positiv)

Kann's weder glauben noch verstehen
nur immer immer wieder
sprachlos auf die Linie sehen

Die Folgen sind immens
stolz auf die Potenz
und Gedanken an Finanzen
Verantwortung und Konsequenz
Erziehungstipps und Grundschulranzen

Die Folgen für das Hier und Jetzt
sind nicht so leicht abgeschätzt
Frohsinn und Glückseligkeit
ein Moment für die Ewigkeit

Die Folgen für das Leben
sind so unglaublich und toll
es wird ein neues Menschlein geben
winzig, rosa, wundervoll

Meine ganze Welt rotiert
tausend Fragen, die mich quälen
Aber eine dominiert:
Wann darf ich es rumerzählen?

KAPITEL 2:
WOCHE 1 - 13

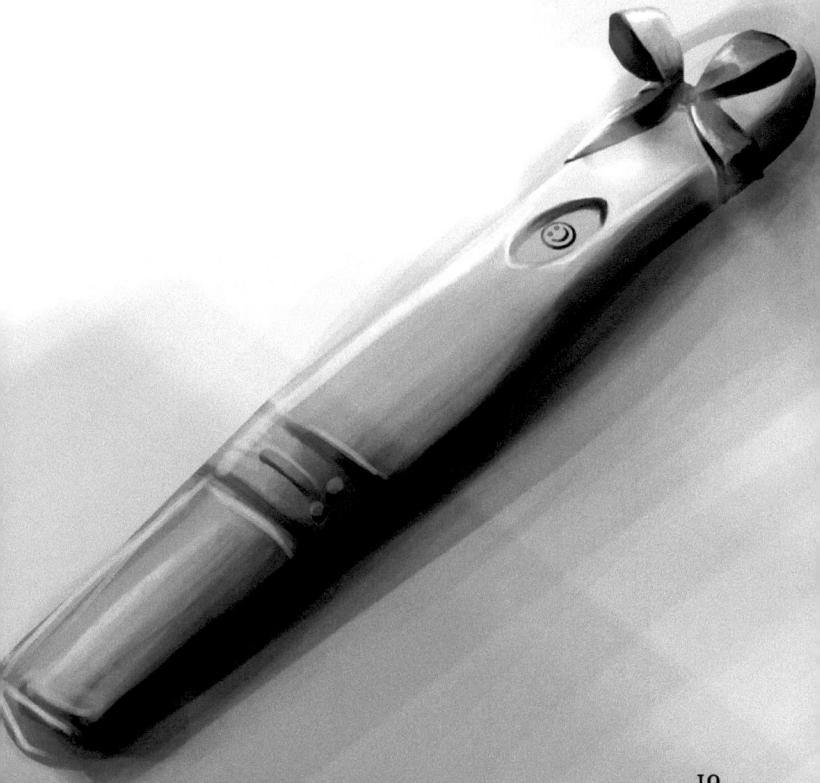

Prächtig

Ich finde das ganz furchtbar prächtig,
mein holdes Weib, das ist jetzt trächtig
aus zwei mach drei, den Bauch mach rund
denn bald kommt wunderschön und kerngesund
ein neuer Mensch auf diese Welt
der alles auf den Kopf hier stellt
der uns zur Familie macht
die Welt erkundet, weint und lacht,

Eines ist mir jetzt schon klar:
Das wird ein wunderbares Jahr!

Morgenübelkeit

Ungekannte Übelkeit
bricht über uns herein
schlechte Laune, Müdigkeit
ständig muss mein Fräulein speien

Irgendein doofes Hormon
ist schuld an all der Rheierei
doch was bringt dies' Wissen schon?
Es ist mir so einerlei

Sounds die ich nie hören wollt'
kommen vierundzwanzig / sieben
durch die Badtür laut gerollt
schon wieder hat die Frau gespieben

Ich decke die Nachschubzufuhr
tröste in der Zwischenzeit
halt' mich möglichst fern vom Flur
wenn die junge Dame speit

Muss viel an meine Jugend denken
mit ersten Party-Gehversuchen
Geräuschen hinter Stadtparkbänken
ich höre meine Freundin fluchen

Mit Eimer, Lappen, hilfsbereit
eile ich geschwind nach drüben
so kann ich schon mal jederzeit
für meines Kindes Jugend üben

Erzählt es keinem

Sobald die Schwangerschaft begann
fingen auch die Tipps bald an

Erzählt es jetzt bloß noch nicht jedem
wartet bis nach den zwölf Wochen
das Glück hängt an so dünnen Fäden
deren Halt ist schnell gebrochen

Für finstere Geschichten hatte plötzlich jeder Zeit
mit Schwangerschaft ist nicht zu scherzen
Geburtsverletzungen und Schmerzen
geriss'ner Haut und Übelkeit

Und achtet bloß drauf, was sie isst
kein Junk-Food oder solchen Mist
wie Salami und Weichkäse
Sushi oder Mayonnaise
und noch tausend andere Sachen
die den Fötus schwächer machen

Und ist das Kind erst auf der Welt
kostet's euer ganzes Geld
den letzten Nerv mit viel Geschrei
die Schonzeit ist ab jetzt vorbei

Alle reden auf uns ein
tut jenes nicht, lasst dieses sein
hier noch Tipps, da noch ein Rat
achtet darauf, dass ihr spart
alles wär ja, ach, so teuer

Sie gießen Öl in jedes Feuer
entfachen es stets wohl begründet
und ist keins da, wird eins entzündet

Hormone

Die Stimmung schwankt bedrohlich
und droht schon jetzt erneut zu kippen
ich umsorge sie ganz wohlig
les jeden Wunsch ab von den Lippen

Doch die Hormone spielen verrückt
nichts macht Spaß, nichts ist genehm
alles schmerzt und zieht und drückt

Wenn ihren Tonfall ich vernehm
stellt's mir die Nackenhaare auf
doch ich reiße mich am Riemen
leg noch ne Schippe Laune drauf
bewahre meine guten Mienen

Denn wäre mir so ständig schlecht
wär auch ich schwer zu ertragen
nichts und niemand wär mich recht
alles schlüge auf den Magen

Und man darf ja nicht vergessen
es kann und wird nicht ewig dauern
die Phase ist nur knapp bemessen
in der die Stimmungen versauern

Bald zieht gute Laune auf
wie Sonne nach zehn Regentagen
dann fährt die Stimmung hoch hinauf
froh im Sinn und frei im Magen

Wartezeit

Seit Tagen, Wochen, wart ich schon
die Hand ruht auf dem Telefon
halt mich zurück, nicht abzuheben
die Neuigkeit nicht preiszugeben

Will's in jede Zeitung drucken
es lautstark aus dem Fenster spucken
will dem Präsidenten schreiben
der soll's dann durch die Medien treiben

Die Tagesschau darf live berichten
in täglichen 6-Stunden-Schichten
doch ich habe es versprochen
ich warte ab, die ersten Wochen

12 Wochen meinen manche gar
doch dafür ist's zu wunderbar
will so gern auf allen Kanälen
der ganzen Welt davon erzählen

Nur ein paar Tage wart' ich noch
dann verbreite ich es doch
an jeden, der es hören will
das Mundwerk steht nicht wieder still
und wenn es wen nicht interessiert
wird's dennoch ihm aufs Brot geschmiert

Sie ist Schwanger

Wenn ich's erzähle, jedes Mal
macht sich das Entsetzen breit
die Stimmung wandelt sich immens
in pure Fassungslosigkeit

Sie ist Schwanger?
Wie is' das denn nur passiert?
Echt? Sie ist Schwanger?
Die hat dich aber angeschmiert

Seh die mitleidigen Blicke
der anderen Männer um mich rum
jetzt hat er sich fest gebunden
meine Güte is der dumm

Die Alte hat ihn festgekettet
ihn zum Pantoffelheld gemacht
ihn unterworfen und dressiert
auf Schoßhündchen-Niveau gebracht

Wie, sie ist Schwanger?
Wieso ist das denn nur passiert?
Hä? Sie ist Schwanger?
Die hat dich aber angeschmiert

Als wär nun alles pure Qual
der Drops gelutscht, der Spaß vorbei
von nun an geht's nur noch bergab
nur Windeln und Babygeschrei

So urteilt jeder frohen Mutes
sagt, meinen Mut fände er toll
wenn ich sag: Ich hab mitentschieden
und nickt nur mild verständnisvoll

Zerrissenheit

Ein Plan ist eine feine Sache
stets wenn ich frische Pläne mache
schaff ich mir ein Meinungsbild
bin fortan auch stets gewillt

Es neu zu bilden, zu verbessern
zu gießen, nähren und zu wässern
nun ist plangemäß geschwind
wie erträumt ein neues Kind

In deinem Leib entstanden
und trotz all der Planungszeit
in der wir uns zuletzt befanden
der gefühlten Ewigkeit
fürchte ich nun hin und wieder
die Lasten der Verantwortung
die Brust geht eilig auf und nieder
wir sind doch noch so furchtbar jung

Haben wir das Richtige getan?
Waren wir so tief in unserem Wahn
dass wir uns falsch entschieden haben
und jetzt auf schlechten Pfaden traben?

Oder ist die Angst normal?
Gottgegeben, schlicht banal
Angst vor unbekannten Wegen
die sich in der Ferne regen

Eines Tages sehe ich
unverhofft und unglaublich
im Ultraschall das Herzchen schlagen
und brauche mich nicht mehr zu fragen
denn mein Herz, das singt und lacht
wir haben das Richtige gemacht

Herzschlag

Kleine Pixel, die im Rhythmus sich bewegen
der große Monitor, der deinen Herzschlag zeigt
Zellen, die sich in deinem kleinen Herzen regen
grenzenlose Freude, die mir zu Kopfe steigt

Ein wahres Wunder, du fingst an zu leben
dein Herz pulsiert und schlägt in stetem Takt
ich bin so zittrig, so froh, das zu erleben
so stetig sind die Schläge und so unglaublich exakt

Und millionenfach wird es noch schlagen
Tag für Tag, ein ganzes Leben lang
alle Sorgen die ich trug, in den letzten Tagen
im Komplettpaket mit Zittern, Angst und Bang

Fallen wie tonnenschwere Steine von mir fort
in ein paar Monaten siehst du das Licht der Welt
und ich bin dann dieser Papa-Typ vor Ort
der dich quietschvergnügt in seinen Armen hält

Im Ultraschall

Ein Bäuchlein wölbt sich langsam vor
das Bild zeigt schon in groben Zügen
langsam leichte Kindesformen
wenn mich nicht die Augen trügen

Schau, da regt sich sogar was
voll Energie, der Zellenhaufen
stößt stetig von der Wand sich ab
der Anblick ist für nichts zu kaufen

Kleine Formen für die Arme
Kopf und Rumpf und Beine
üb weiter kleines Menschenkind
du bist hier nicht alleine

Deine Eltern warten schon
auf deine Ankunft hier auf Erden
wenn die Zeit gekommen ist
wird es ein großes Fest uns werden

Lebensumstellung der Frau

Am Horizont der ferne Traum
von Kind und Kegel, Babyfreude
allerdings im hier und heute
hilft das hin und wieder kaum

Schwanger sein, das ist beschwerlich
Gott sei Dank meist nicht gefährlich
doch voller Einschränkung fürs Leben
weggehen, feiern, Geld ausgeben

Die Kippen sind in hohem Bogen
samt Pille in den Müll geflogen
und auch an Wein ist nichts mehr da
nicht mal Bier mehr, sonderbar

Die Ernährung wird gesünder
so dass sie nur noch spärlich isst
was roh oder gefährlich ist
wir sind ja nun Familiengründer

Auch Disco, Party und Konzerte
sind erst mal nun Vergangenheit
Relikte einer anderen Zeit
immer schwächer wird die Fährte

Die Frau schont sich und bleibt zuhause
doch mich zieht's noch zu mancher Sause
ich geh noch weg, ich alter Tor
mir steht der Wechsel noch bevor

Kapitel 3:
Woche 14 - 27

In fremdem Territorium

Normal wär die Umgebung hier
eine traumhafte Verteilung
nur Damen teilen sich mit mir

Diese schicken Räumlichkeiten
das hätt' ich früher toll gefunden
doch jetzt sind's eben andere Zeiten

Selbst wenn, wär's wohl der falsche Ort
zum flirten, baggern, unterhalten
und jedes anzügliche Wort

Ich sitze hier im Wartezimmer
beim Frauenarzt von meiner Liebsten
und hab noch keinen blassen Schimmer

Wie man sich korrekt verhält
im fremdem Territorium
einer so unvertrauten Welt

Versuch' niemanden anzusehen
warte, dass die Zeit vergeht
kann's kaum erwarten, aufzustehen

Bisher hat niemand sich beschwert
nur ihre Blicke sagen mir
ich bin hier sowas von verkehrt

Doch ich hab die Berechtigung
wer Babys macht, der darf hierher
zur Ultraschall-Besichtigung

Wackel nervös hin und her
fühl mich wie ein Eindringling
ruhiges sitzen fällt mir schwer

Spür wie nervös die Hände zucken
ah, wir werden rein gerufen
das is ja nochmal gut gegangen
jetzt kann ich endlich Baby-gucken

Babybauchbehüter

Ob in S-Bahn, U-Bahn, Tram
die Menschen stehen gequetscht und stramm
es regt sich der Instinkt
es strecken sich die Fühler
Studenten, Arbeiter und Schüler
Frau und Kind, sie sind umringt
die Spannung steigt, die Laune sinkt

Bin ein Babybauchbehüter
Beschützer wundervoller Güter
einzigartig und verletzlich
glorreich, süß und unersetzlich

Nie gekannte Emotionen
die mein Innerstes bewohnen
seit's im Babybauch sich regt
strampelt, paddelt und bewegt

Spüre meine Frau in Not
sehe augenblicklich rot
wenn wer an ihr vorbei sich drängt
durch das Menschenmeer sich zwängt

Nur schwer kann es die Frau verstehen
mich neuerdings oft so zu sehen
beschützend und gebieterisch
sie meint, das wär nicht gut für mich

Drum sagt sie einen Satz zuhauf:
Ich pass schon auf mich selber auf

Ein neuer Mensch

Ein neuer Mensch fängt langsam an,
sich zu regen, zu bewegen
sein kleines Zimmer zu erleben

Erspürt die Welt um sich herum
fasst mit seiner kleinen Hand
an Nabelschnur und Außenwand
an dieses riesengroße Band
das mit der Mutter ihn verbindet
ihn verpflegt, beschützt und nährt
sein kleines Leben ihm gewährt
ihm so viel Sicherheit beschert
Er klopft und tritt und boxt dagegen
hat Spaß daran sich aufzuregen
und die Wand, die stupst zurück
weil die Mutter außen drückt

Der Dialog geht Hand in Hand
Frau mit Kind und Kind mit Wand.

Der Bauch wächst

Ich sehe ihre Blicke
wenn wir durch die Straßen gehen
du wirst so anders angesehen

Die Frauen schauen dich an
manche ernst und neiderfüllt
manche von Fröhlichkeit umhüllt

Die Männer sehen deinen Bauch
nun statt deiner Brüste
verlieren jegliche Gelüste

Die Frauen schauen mich an
begeistert, reizvoll und sensibel
der Typ ist Vater-kompatibel

Männer sehen mich auch
geben mir den letzten Segen:
Herzliches Beileid
und viel Glück auf allen Wegen

Bauchzwerg

Der zarte Zwerg treibt hin und her
bei seinen ersten Schwimmversuchen
schluckt Fruchtwasser und als Dessert
gibt's allerfeinsten Mutterkuchen

Lernt sich langsam zu bewegen
manches klappt schon, manches nicht
noch lang kein Grund sich aufzuregen
für den wundervollen Wicht

Für mich ist es kaum zu fassen
dass aus diesen kleinen Wesen
kaum auf Erden losgelassen
als sei's immer schon klar gewesen

Große, ganze Menschen reifen
Sänger, Tänzer und Verkäufer
Überflieger, Helden, Pfeifen,
Lehrer, Lügner, Ärzte, Säufer

Akrobaten und Studenten
Workaholics voller Eile
Punks und brave Konsumenten
und später wieder Elternteile

Die ihre Kinder reifen sehen
bewundern was ihnen da glückte
und dann ganz langsam selbst verstehen
Was uns dereinst so entzückte

Geschlechterfrage

Ob wir es denn schon wissen wollen
fragt die nette Frau in Weiß
ob's Junge oder Mädchen wird
Ponys oder Autos
dieser ganze Scheiß

Ob Prinzessin, ob Pirat
ob Barbie oder Fußballplatz
rosa oder blaue Wände
Kleidchen oder Hosenmatz

Vielleicht ein bisschen viel Klischee
geht es mir so durch den Kopf
wie groß ist schon der Unterschied
bei so einem kleinen Knopf

Man kann ja auch neutral einkaufen
gelb und grün und gern auch grau
geschlechtslose Klamotten
statt rosa immer nur und blau

Wollen wir lieber zur Geburt
die Überraschung noch erleben?
Uns den ganzen Rest der Zeit
dem Geheimnis voll hingeben?

Im Ultraschall ist zu erkennen
wie das Baby sich bewegt
man will's ja schon beim Namen nennen
was sich da so munter regt

Drum wollen wir es gerne wissen
bin ich gerad' versucht zu sagen
da halt einen Moment ich inne
seh' Beinchen,
die eben noch ganz anders lagen

Schau noch einmal ganz genau
aufs Bild von Tochter oder Sohn
seh eine wohlbekannte Form

Ich glaube fast, ich weiß es schon

Es wird ein Junge

Ein Stammhalter
ein Thronfolger
ob Karl-Heinz, ob Walter
ob Jens, ob Hans, ob Holger

Es wird ein Mann, ein kleiner
ein Könner oder Tunichtgut
ob Pit, ob Karl, ob Heiner
ob Peter, Jakob oder Knut

Es wird ein Sohn
das Kind wird männlichen Geschlechts
das ist seine Bestimmung
laut seines Gemächts

Ich freue mich unendlich
doch klingt ein klitzekleines Fluchen
wir wissen nicht, wie wir ihn nennen
ich geh dann mal, muss Namen suchen

Feindiagnostik

"Wundern Sie sich bitte nicht"
ist was der Herr Doktor spricht
falls die Haut leicht komisch hügelt
in echt ist das ganz glattgebügelt

Das sieht nur durch die Art von Test
aus als wär's die Beulenpest
jetzt kann man schon das Kindchen sehen
die Anzeige, die lässt sich drehen

Vom Auge bis zum großen Zeh
unser Kind - und in 3D
es wird gründlich durchgecheckt
kein Fleckchen bleibt hier unentdeckt

Dank der lieben Krankenkasse
sitzen wir hier erster Klasse
vor einem riesen Monitor
und uns kommt's unwirklich vor

Feindiagnostik heißt das Wort
das an der Tür von diesem Ort
so schön groß prangt und herein lockt
wo Papa neben Mama hockt

Und die Bewegungen bestaunt
das Kindchen, das lutscht gut gelaunt
an seinem Daumen, wackelt Zehen
die Fingerchen sind gut zu sehen

"Soweit alles gesund und munter"
schließt der Arzt seinen Bericht
und ich denk mir dabei nur schlicht:
Kinderkriegen ist ein Wunder

Ängste

Gesund und klug
und groß genug
fidel, munter und lebensfroh
schlank und schön und mit Niveau
wie wird unser Kind wohl sein?
Lieblich nett? Klein und gemein?
Eher Diktator oder Sklave?
Ein Wolf versteckt im Pelz der Schafe?

Ist's jetzt schon klar? Liegt es an mir?
Ob er Glück oder Geld anstrebt?
An Vorbildfunktion und Manier,
die ihm tagtäglich vorgelebt

Ich werd' dem Kind die Werte zeigen
Die mit den Jahren ich zu eigen
mir so arbeitsreich gemacht
doch was das Kind dann daraus macht
das zwar nicht mehr namenlos
doch nach wie vor nicht allzu groß
das weiß ich jetzt beileibe nicht
erst die Zeit erzeugt das Licht
das in die Zukunft uns bald führt

Bin verliebt und stets gerührt
wenn der Mutterbauch mich tritt
für dieses Stadium ganz schön fit
dann frage ich mich, kleiner Mann,
was ich von dir erwarten kann

Des Vaters Hobbys

Auf, auf, mein Sohn, wir gehen Spielen
große Lego-Burgen bauen
auf Dosenpyramiden zielen
und bevor's anfängt zu tauen

Muss auch noch ein Schneemann her
danach spielen wir Need for Speed
glaub mir, das ist nicht sehr schwer
und später singen wir ein Lied

Magst du gerne Hörspiel hören?
Von Pumuckl und seinen Streichen
TKKG, die Gauner stören
und auch den drei Fragezeichen

Wir könnten dann noch Comics lesen
mit Asterix, Tintin, Filou
und vielen anderen feinen Wesen
dazu ein Buch von Winnie Pooh

Was ruft die Liebste da mir zu?
Lass doch mal den Bauch in Ruh?
Ist mein Plan unausgegoren?
Hab ich irgendwas versäumt?
Oh, er ist noch nicht geboren

Ich hab da wohl nur kurz geträumt

KAPITEL 4

WOCHE 28 - 42

Willkommen auf der Erde

Willkommen auf der Erde
du kleines wunderbares Wesen
das ich so sehr lieben werde
werd Geschichten dir vorlesen

Dich knuddeln, ehren und lobpreisen
mit dir lachen und auch weinen
mit dir in ferne Länder reisen
werd dich so oft ich kann in meinen
Armen halten und dich herzen

Erklär dir alles was ich weiß
bewahre dich vor schlimmen Schmerzen
lobe dich für deinen Fleiß

Bring dir bei wie man Fahrrad fährt
zeig dir die große weite Welt
hoff du bleibst stets unversehrt
und dass dir all das hier gefällt

Bin voller Vorfreude auf dich
der du noch nicht einmal geschlüpft
und freue mich so königlich
dass dein Herz schon schlägt und hüpft

Komm ganz bald, gar keine Frage
hier wirst du so sehr geliebt
ich lüg nicht, wenn ich dir jetzt sage
das ist das schönste, was es gibt

So groß

Ach, so groß bist du jetzt schon
kleiner Bauchzwerg, du mein Sohn
ich weiß noch nicht, wie wir dich nennen
die Formen sind schon zu erkennen

Von Tageslicht und Mutterbrust
Abnabelung und Atemlust
bist du noch allzu weit entfernt
hast was nötig schon gelernt

Doch musst jetzt noch fertig reifen
die Knochen müssen sich versteifen
die Organe wachsen weiter
das Gehirn wird noch gescheiter

Der Bauchraum eng
das Kindchen groß
der Plan ist streng
ein schweres Los

Schwimm weiterhin von Wand zu Wand
wir sehen uns dann bald an Land

Im Fruchtwasser

Die Wohnung hier ist ziemlich klein
mir bleibt nichts als allein zu sein
kein Strom und auch kein Tageslicht
Unterhaltung gibt es nicht

Manchmal sind die Nachbarn laut
dann wird gegen die Wand gehaut
nein, gehauen heißt es richtig
ist jetzt aber nicht so wichtig

Langeweile plagt mein Leben
ich übe es, den Kopf zu heben
hab meinen Daumen jetzt entdeckt
mal vorsichtig auch dran geleckt

Doch sonst gibt es hier nichts zu machen
bin zu klein, kann noch nicht Lachen
und es erzählt auch keiner Witze
etwas Humor wäre echt spitze

Doch so häng ich gebückt und krumm
hier im Fruchtwasser herum
bin vollkommen festgezurrt
ich freu mich schon auf die Geburt

In der Bahn

Zu zweit betreten wir die Bahn
erwartungsvoll seh ich umher
warte dass sich wer erhebt
der Bauch der Holden groß und schwer

Die U-Bahn voller Menschen
von jung und fit bis alt und grau
doch es ist leicht das zu erkennen
es erhebt sich keine Sau

Wenn ihr wer nen Platz anbietet
sind die meist mit Kind im Arm
gelegentlich auch junge Mädels
schwankend zwischen Scham und Charme

Der Rest starrt still, fast katatonisch
ohne Mienen zu verziehen
starr und steif zu Boden
so macht man das halt in Berlin

Was lange wehrt...

Von Tag zu Tag erfahr ich mehr
das mir zu neuem Wissen reicht
schwanger sein ist manchmal schwer
doch so ein Bauch ist pflegeleicht

Drück ich hier hin
drückt er da
drück ich dort hin
wunderbar

Doch ist die Mama viel beschäftigt
verweigert sich der junge Mann
schließlich ist er schon recht kräftig
fängt massiv zu strampeln an

Dann drückt er hier hin
drückt auch da
wälzt sich herum
na ist doch klar

Und leg ich mich des Nachts zur Liebsten
leg den Arm um ihren Bauch
wehrt sich unser Kleiner auch

Hält mich wach und tritt sehr gerne
bis ich den Arm endlich entferne
drückt mal hier und drückt mal da
das ist nicht so wunderbar

Geburtsvorbereitungskurs

Hier sitzen wir nun wie mir scheint
zwei Tage lang selig vereint
Menschen, die bald Eltern werden
in ihren kleinen Zweier-Herden
um alles zur Geburt zu lernen
die Wissenslücken zu entfernen

Man beäugt sich staunend während
wir uns vorstellen, Paar um Paar
von jung bis fast schon spätgebärend
ist altersmäßig alles da

Wohl informiert bis ahnungslos
die Unterschiede heut sind groß
wir kriegen mancherlei erzählt
welches Krankenhaus man wählt
um das Kind zur Welt zu bringen
wie muss bei Wehen das Atmen klingen?
Was sind gute Positionen
um Frau und Kind möglichst zu schonen?
Wie sieht denn grob der Ablauf aus?
Und wann fährt man ins Krankenhaus?

Die Frau muss dies, die Frau muss das,
Es folgen Tipps um Tipps en masse

Und was gibt's für den Mann zu tun?
fragen wir nach ein paar Stunden
in denen wir zumeist nur ruhen
Die Hebamme sagt's unumwunden:

Seid mit an Bord
direkt vor Ort
bei dieser Reise
und macht bloß nichts ungefragt
wartet still und leise
und tut was eure Frau euch sagt

Nestbautrieb

Es wird gewerkelt und geräumt
eingekauft und ausgestattet
alles wird wie sie's erträumt
ich bin matter als ermattet

Woher nur diese Energie?
Sag mir, woher nimmt sie sie?
Diesen Drang sich aufzuraffen
dem Kind ein feines Heim zu schaffen

Hier wird gemalt, da wird gebaut
bepinselt oder aufgeraut
der Kleine haut gegen die Wände
hat der Sport hier mal ein Ende?

Doch es ist noch nicht so weit
noch hat seine Mama Zeit
ihrem Instinkt blind zu vertrauen
ihm ein schönes Nest zu bauen

Vorbereitungen

Mit Bedacht die Tasche packen
Punkt für Punkt wird abgehakt
damit dann auch hinterher
auf keinen Fall irgendwer klagt

Klamotten, Wasser, Süßigkeiten
alles muss auf einen Haufen
alles muss versammelt sein
denn kommt die Geburt ins Laufen
steigt der Druck für Frau und Kind
sind die Wehen wirklich echt
ist zwar meist an Zeit kein Mangel
doch um die Nerven steht es schlecht

Und so wird für alle Fälle
über allem lang gegrübelt
wer weiß schließlich so auf die schnelle
was lecker schmeckt und was verübelt
im Moment der Niederkunft
zwar meldet sich laut die Vernunft
Gesund sollte die Nahrung sein
doch was hilft Vernunft allein?

So gibt's Nimm2 und Gummibärchen
Musik, vielleicht ein Buch mit Märchen?
Nein, das kann zuhause bleiben
dafür noch mehr zum Einverleiben
jetzt kommt noch Notfallgeld hinzu
dann hat die liebe Tasche ruh
nun heißt es an der Hoffnung laben

dass wir auch nichts vergessen haben

Schwere Schritte

Der Bauch ist mittlerweile groß
und Ungeduld zeichnet die Tage
warten und die stete Frage
wann geht es denn bloß endlich los?

Stets ist er im Weg der Bauch
bei allem, was die Frau so tut
ob sie steht, sitzt oder ruht
und beim Gehen stört er auch

Die Hüftknochen, sie werden weicher
das Laufen fällt der Frau recht schwer
von Tag zu Tag watschelt sie mehr
es sinkt die Energie im Speicher

Sie muss viel ruhen und sich schonen
kann nicht viel tun und darf nicht heben
steht nur noch entnervt daneben
doch sie will es nicht betonen

Dass es ihr so langsam reicht
die Geduld ist aufgeweicht
doch zum Glück bleibt sie noch heiter
Und watschelt munter fröhlich weiter

Wartezeit

Seit kurzem ist die Scheu gewichen
sanft wird der Babybauch bestrichen
in der Hoffnung dass es stimmt
dass dieses Öl Wehen verstärkt
dazu noch lecker Tee mit Zimt
auf dass Frau bald im Bauch was merkt

Und jeden Tag gehen wir spazieren
tun alles was jetzt helfen soll
die Wartezeit zu minimieren
ach, es wäre ja so toll

Ginge es nur endlich los
Angst und Vorfreude sind groß
bangen, hoffen, Zähne klappern
man kann über nichts anderes plappern

Geburt und immer nur Geburt
und ob das Baby sich mal spurt
die Frau, die sagt, sie spürt da was
ihr tut's im Bauch ein wenig weh
drauf mit dem Öl, ein ganzes Fass
ich kauf derweil schnell neuen Tee

Es geht los - Teil 1

Ich kann es doch ganz deutlich sehen
es kommen regelmäßig Wehen

Wieso die Wohnung noch aufräumen?
Musst du jetzt noch Milch aufschäumen?
Und nun auch noch Essen machen
das sind ja schon seltsame Sachen

Im Krankenhaus gibt's auch 'nen Koch
was machst du denn jetzt alles noch?
Da will ein Kind aus deinem Schoß
sollten wir nicht langsam los?

Die Frau verneint nur zugeknöpft
ich bin schon jetzt völlig erschöpft
dann mach bitte mein Leibgericht
so schnell kommt das Kind schon nicht

Es geht los - Teil 2

Schatz, es wird Zeit aufzubrechen
Wasser rinnt in großen Bächen
an meinen Beinen Richtung Süden
nein, du darfst jetzt nicht ermüden

Jetzt geht's ab ins Krankenhaus
das Kindchen will da endlich raus
hat die Fruchtblase zerlegt
macht sich schon mal auf den Weg

Nimm die Tasche und dann auf!
Ein neuer Mensch nimmt seinen Lauf

Geburt

Sie schreit vor Schmerz und leidet
ich halte ihr die Hand
ein Rufen dröhnt aus jeder Wand
mein Blick besorgt, der ihren meidet

Was hab ich ihr nur angetan?
Der ich ihr diesen Schmerz gebracht?
Vor Stunden noch mit Großgebahren
mir und ihr viel Mut gemacht

Doch meine Nerven bröckeln nun
der Aktionismus stört am meisten
steh rum und habe nichts zu tun
kann nur der Liebsten Beistand leisten

So manche Stunden vergehen
mit Warten und mit Schmerzen
an ihrem Bett im Kreißsaal stehen
aufgeregt in Kopf und Herzen

Wir nähern uns dem Ende
es wird langsam Zeit zu pressen
die Hebamme kniet vor der Lende
der Nachtschlaf längst komplett vergessen

Der Augenblick, das Kind ist da
es schreit und atmet wunderbar
mein schöner Schatz, es ist vollbracht
das hast du großartig gemacht

Vorbei die lang während Marter
schau mich mal an,
mein kleiner Mann,
guck mal hier:
Ich bin dein Vater

Nabelschnur

Abgeklemmt und angesetzt
die Schere ist ganz frisch gewetzt
und zack, vom Papa durchgeschnitten
die Nabelschnur in ihrer Mitten

Erinnerung lässt sich nicht vermeiden
wie im Kurs zuvor gelernt
erinnert der Vorgang entfernt
dran Calamari zu zerschneiden

Die Leine zwischen Frau und Kind
wird nun gekappt und umgebaut
weil postnatale Zeiten sind
ab jetzt wird ganz normal verdaut

Ab jetzt wird aus der Brust gegessen
wie das bei Babys halt geschieht
und nun sag ich's ganz vermessen:
Mein Sohn - Guten Appetit

KAPITEL 5:
WOCHENBETT

Ein kleines Stück Himmel

Kleine Finger, die schon greifen
erste Blicke die mich streifen
die Lungen atmen erstmals Luft
himmlisch schöner Babyduft

Wunderschön und winzig klein
können große Wunder sein

Von Angesicht zu Angesicht

Auf meinem Arm ein kleiner Mann
er schreit und sieht mich fragend an
noch ganz zerknautscht und zugeknöpft
von der Reise noch erschöpft

Betrachte diese kleinen Augen
darfst an der Mutterbrust gleich saugen
mit mir wirst du viel Zeit verbringen
gemeinsam Lieder mit mir singen

Spazieren, streiten, leben
Panini-Stickeralben kleben
ich bin's, der Papa, der dich hält
mein Sohn, willkommen auf der Welt

Die erste Nacht

Mondlicht scheint durchs Fenster rein
ich finde heute keinen Schlaf
blicke in den Mondenschein
lieg da und zähle Schaf um Schaf

Im Beistellbettchen liegt der Kleine
schmatzt und schläft und strampelt leise
kleiner Körper, kleine Beine
hier beginnt sie, seine Reise

Bin aufgeregt und so ergriffen
von seinem Schlafen, seinem Wachen
hab mich mehrmals schon gekniffen
um es mir bewusst zu machen

Dass all das wirklich real
nicht erträumt sondern tatsächlich
und ab sofort auch ganz normal
ich so groß, er so ... zerbrechlich

Als durchs Fensterglas der Morgen graut
hab kaum ein bisschen ich geschlafen
Augenringe, Gänsehaut
ein Heer von ungezählten Schafen

Schleich mich raus, werd' Frühstück machen
frag mich, wie wird der Tag nur werden
voll Babyschreien und Engelslachen
sein erster ganzer Tag auf Erden

Nachtgesang

Schlaf ein, mein Kind, schlaf ein
das kann so schwer nicht sein
ich liebe dich so sehr
ich geb dich nicht mehr her

Kindspech

Na, was du schon alles kannst
und die Farbe, huiuiui
tiefstes Schwarz, ja kaum zu glauben
beeindruckend und schon auch pfui

Ihm blieb keinerlei Zeit zum üben
kaum einen Tag erst auf der Welt
es ist wirklich nur schwer zu glauben
jetzt kackt er schon, der kleine Held

Bleibt mir nur noch eine Frage
die stellt sich mir da ganz schön feist
die Frage, ja die lautet nämlich
warum das Ganze Kindspech heißt

Wochenbett

Wochenbett - ist das nicht fein
Frau und Kind igeln sich ein
geschützt vor schlechtem Wetter
ist's im warmen Heim viel netter

Vor den Fenstern oller Regen
Heizung an - ein echter Segen
was nötig ist, geht Papa kaufen
der darf durch den Regen laufen

Mama und das Baby kuscheln
die kleine Haarfrisur zerwuscheln
Geborgenheit und Liebe schenken
nicht an schlechtes Wetter denken

Den Kleinen an die Welt gewöhnen
und rund um die Uhr verwöhnen
bei Regen und bei Sonnenschein
Wochenbett - ist das nicht fein

Babyblues

Ich merk es schon zur Morgenzeit:
Heute ist die Frau geknickt
das Kindchen schreit
der Körper zwickt

Alles zuviel
von Kopf bis Fuß
meine Frau hat heut den Blues

Ein Tränchen kullert
das Kindchen pullert
wir müssen's liebevoll umsorgen
fühlt sich wunderbar geborgen
auch wenn Mami leise weint
heut so gar nicht fröhlich scheint

Der Hormonhaushalt, er schwankt
heute ist die schöne Frau
am Tiefpunkt angelangt

Ich nehm sie in den Arm
und sage ihr: Nur Mut

Morgen geht's dir wieder gut

Ein Babyfuß als solcher

Ein Babyfuß als solcher
ist nicht besonders in der Form
entspricht zumeist auch jeder Norm

Allein durch seine Größe
ist er einfach unheimlich knuffig
die Haut noch völlig weich und fluffig

Nicht von Alters her gezeichnet
nicht von Hornhaut deformiert
von Mini-Söckchen meist verziert

Und wird noch zusätzlich versüßt
wenn Babys selbsttätig dran lutschen
ein Babyfuß, der ist zum Knutschen

Angebot und Nachfrage

Es tropft und läuft als gäb's kein Morgen
das Kind muss nicht um Hunger sorgen

Was dereinst mein Spielplatz war
schwillt nun zur Milch-Minibar
füllt fortan den Kindesmund
nährt und hält das Kind gesund

Als wär das hier der freie Markt
kaum wird sehr stark nachgefragt
steigt schon bald das Angebot
das Kind, das leidet keine Not
und lässt sich ganz gemütlich mästen
bei Mutti schmeckt's einfach am besten

Fitness kehrt zurück

So langsam ändert sich der Gang
die Fitness kehrt zu ihr zurück
Bewegung wird wieder viel leichter
und die Frau, die strahlt vor Glück

Heute dann das erste Mal
seit dem Tage der Geburt
ganz alleine vor die Tür
kurz zum Bäcker nur getourt

Ein Gefühl als hielt die Welt
nur für uns den Atem an
weil sie sowas nun erneut
anstrengungsfrei machen kann

Bauch und Pfunde schwinden schnell
bewegen, gehen, stehen -
Mit dem kleinen Knirps im Arm
überhaupt gar kein Problem

Und ich habe meine Liebste
nie zuvor so strahlen sehen

Der erste Ausflug (Theorie)

Im Magen liegt ein schwerer Stein
aufs härteste gespannte Nerven
durchs Fenster strahlt der Sonnenschein
die Sinne scheinen sich zu schärfen

Es ist doch noch gar nicht so alt
lass uns noch ein bisschen warten
draußen ist's so rau und kalt
siehst du nicht den wunderzarten

Mensch, so winzig klein und so verletzlich
der fühlt sich doch sehr wohl daheim
fern der Welt liebt er's doch letztlich
mit seinen Eltern ganz allein

Klar, nach Haus vom Hospital
war er ja auch schon mal draußen
das war doch nur ganz kurz einmal
zählt doch gar nicht recht als außen

Aber jetzt raus in die Welt?
So richtig und zum ersten Mal?
Vielleicht wird da ein Baum gefällt
auch so viel anderes wär fatal

Bomben, Meteoritenschauer
wildgewordene Autoraser
wär es da nicht so viel schlauer
er blieb gesund in jeder Faser

Hier zuhause ist's schön warm
ich trag das Baby auf dem Arm
das Haus verlassen das geht doch
problemlos nächstes Jahr auch noch

Der erste Ausflug (Praxis)

Da hatte ich doch so viel Sorgen
mit dem Kleinen rauszugehen
und was ist? Der pennt einfach
ganz ohne irgendwas zu sehen

Keine Gefahr, kein Stress bisher
er ist auch nicht allzu schwer

Hängt entspannt im Tragetuch
an den Papabauch geschnürt
ich steh vollkommen unter Strom
und er schläft völlig ungerührt

Vater

Von jetzt an werd' ich Vater sein
pass auf das Kind auf, das wird fein
seh es wachsen und gedeihen
seh es essen, schlafen, speien
spiel mit ihm drin und im Garten
kann's schon jetzt kaum noch erwarten
will mit meinen Kindern toben
manchmal tadeln, häufig loben
manchmal Schimpfen, ganz viel Lachen
ganz viele Vater-Sachen machen
froh und fröhlich statt verhärmt
denn Vater sein – ja sowas lernt
man nicht durch Schulbuchpaukerei
Vater sein das lernt man
mittendrin statt nur dabei

Die Damen-Diät

Kilos purzeln munter fröhlich
der Bauch der schwindet mehr und mehr
bis zum Ausgangspunkt und weiter
fast unabhängig vom Verzehr

Nicht die einfachste Diät
mit 9 Monaten Wartezeit
kein Alkohol und Zigaretten
und manch anderer Kleinigkeit

Doch dann geht's los im großen Stil
die Brust startet die Produktion
Milch schießt ein und fließt hinaus
los geht die große Reduktion

Nebenwirkungen gibt's auch
man schläft zumeist nicht mehr so gut
ist die Wartezeit erst rum
weil so ein Baby zwar viel ruht

Aber halt nicht permanent
will frische Windeln, muss viel Lernen
sich bewegen, auch mal schreien
und sich von Mama nicht entfernen

Der Zeitraum, der ist auch begrenzt
in dem man sie anwenden kann
auch Wiederholung geht nicht oft
und meist braucht Frau dazu nen Mann

Danach wandelt sich das Leben
die Veränderung ist massiv
nicht die einfachste Diät
doch wenn sie klappt, sehr effektiv

Wickeln in der Öffentlichkeit

Ich kann es bis hier oben riechen
und würd' mich liebend gern verkriechen
ich find das grade nicht so toll
die Windel scheint mir bombenvoll

Daheim ist das ja kein Problem
nur hier ist's mir unangenehm
so öffentlich, wo's jeder sieht
was beim Wechsel so geschieht

Wie ich mich dabei so mache
bei der ganzen Wickel-Sache
übe es zwar jeden Tag
doch heißt das nicht, dass ich es mag
das vor Zuschauern zu machen
die zugucken und sogar Lachen
wenn ich mich ungeschickt anstelle
aber jetzt so auf die schnelle
mangelt's mir an Möglichkeiten
mich woanders auszubreiten
irgendwohin auszuweichen
wo mich Blicke nicht erreichen

Kaum ist seine Windel unten
springt ein Strahl in hohem Bogen
schnell wie der Wind und ungelogen
mir ins Gesicht und die Frisur
wo grad noch alles trocken war
und ich denk nur:
Na war ja klar

Beim Kinderarzt

Der kleine Mensch wird abgetastet
untersucht und abgehört
das Baby wirkt ganz ungestört
Sorge, die schwer auf mir lastet

Die Untersuchungen sind Pflicht
das ist mir auch durchaus recht
doch verhehlen kann ich's nicht
im Augenblick ist mir recht schlecht

Ist alles gut? Alles gesund?
Das Herzchen heil, die Lungen fit
Knochen stabil und Po nicht wund
von Kopf bis Fuß macht alles mit

Die Ärztin lächelt und nickt dann
schaut verständnisvoll mich an
und sagt, alles ist wunderbar
wie umsonst die Sorge war

Ich freue mich bis zu den Zehen
wir ziehen den kleinen König an
und schon dürfen wir wieder gehen
bis zur nächsten Prüfung dann

KAPITEL 6:
STILLZEIT

Mama ist die Beste

Schreien, strampeln, Krise kriegen
will nicht spielen, will nicht liegen
noch mehr schreien, rot anlaufen
kaum einen Augenblick verschnaufen

Dann kommt die Mama in den Raum
vor lauter Wut sieht er sie kaum
schnell nimmt sie ihn auf den Arm
und sofort wird der Kleine zahm

Die Verbindung Mutter-Kind
ist nicht leicht zu verstehen
wie unvorstellbar nah sie sind
ist wundervoll mit anzusehen

Neue Blicke

Hätt' ich's schon in meiner Jugend
hätt' ich's damals schon gewusst
es hätte mir – ich sag's ganz ehrlich
überhaupt gar nichts genutzt

Doch jetzt entlockt es mir ein Grinsen
eine Prise Fröhlichkeit
wie manche Damen zu mir linsen
bei jeder Gelegenheit

Wenn ich mit Sohnemann bepackt
gemächlich durch die Hauptstadt lauf
blicken mich manch Damen an
als wär gerade Schlussverkauf

Blicke die in Jugendjahren
ich nur allzu gern erfahren
doch kam ich nie in den Genuss
in solch schönem Überfluss

Die mein Ego fein verwöhnen
Blicke die vermuten lassen
dass Hormone grad in Massen
der Dame durch die Blutbahn strömen

Schau mal da, ein Mann mit Kind
er trägt es auch noch fürsorglich
ein toller Kerl – wie großartig
die ja so schwer zu finden sind

Sie gehen vorbei und schauen zurück
ich werd beäugt wie nie zuvor
und zu meinem großen Glück
nimmt's die Freundin mit Humor

Abzählreime

Das ist der große Zeh
der pflückt den Tee
das ist der Daumen
der schüttelt die Pflaumen
das ist der Vater
der hat 'nen Kater

Brabbelt Reime ohne Ende
und zeigt dir deine Füß' und Hände
um deine Laune zu erhalten
lässt er ganz viel Milde walten
trägt dich hin und trägt dich her
Gute Güte bist du schwer
versucht gar nicht dich abzulegen
du könntest dich dabei aufregen
und das wär ihm jetzt viel zu laut
dein Schreien ist nur zu vertraut

Drum zeigt er dir die Abzählreime
hier großer Zeh und da der kleine
Und du lachst ganz herzerweichend
deinem Pa zum Trost gereichend
fühlst dich scheinbar pudelwohl
und dank Paracetamol
erholt sich auch der Papa wieder
und dann singt er für dich Lieder
singt dich fröhlich in den Schlaf
Bis dahin sei doch bitte brav

Hausmann

Ich schriftsteller so vor mich hin
neben Arbeit, Uni, Kind,
und all jenen anderen Pflichten
die den Alltag mir gewichten

Und träume so an manchen Tagen
davon den einen Schritt zu wagen
und zum Hausmann mich zu machen
mit all jenen feinen Sachen

Die zum Hausmann-sein gehören
und die keineswegs mich stören
zuhause wär ich deutlich mehr
viel weniger Großstadtverkehr

Weniger in der U-Bahn sitzen
zwischen Menschen die stark schwitzen
dafür mehr Zeit mit meinem Kind
die wir dann beisammen sind

Zum albern, lachen, Zeug erleben
ihm öfter auch das Fläschchen geben
gemeinsam spielen, sich bewegen
ihn zum Mittagsschläfchen legen

Könnte mir die Zeit einteilen
müsste nie zur Arbeit eilen
und hätte öfter Zeit zum Schreiben
Geschichten schnell weiter zu treiben

Könnte meine Frau entlasten
vielleicht auch regelmäßig fasten
und ihr mehr freie Tage schenken
nur leider muss ich auch bedenken

Bin kein großer Freund des Putzens
viel eher einer des Verschmutzens
was ich am Herd so fabriziere
und dann auf die Teller schmiere
gut zu nennen liegt mir fern
koche auch nicht wirklich gern

Und finanziell haut's auch nicht hin
die Idee macht wenig Sinn
so bleibt alles hier beim Alten
werde meinen Job behalten

Die Tage nehmen ihren Lauf
wir teilen weiter alles auf
waschen, putzen und aufräumendoch ist es schön
manchmal zu träumen

Babylachen

Zahnlos öffnet sich der Mund
ein Lachen bis zu beiden Ohren
begrüßt mich schon zur Morgenstund'
die Müdigkeit geht rasch verloren
komm ich kraftlos und gestresst
nach Haus nach einem langen Tag
ist's dies' was mich sehen lässt
wie sehr ich doch das Leben mag

Nie zuvor hab ich ein Lächeln
wie das von meinem Kind gesehen
aus vollem Herzen, lebensecht
ehrlich und unglaublich schön

So gern würd ich dich schützen
vor den Enttäuschungen der Welt
was Spaß verspricht und keinen hält
Doch würde es nichts nützen

Drum wünsch ich dir mein Sohnemann
was ich dir nur wünschen kann
ich wünsch dir, der du diese Zeilen liest
dass du auch eines Tages
mal dein Kind so Lächeln siehst

Träumer

Er träumt und zappelt mit den Händen
die Augen, die Verzückung spenden
sind nun schon lange fest verschlossen
doch er strampelt unverdrossen

Ob er Berge grad besteigt?
Tigern linke Haken zeigt?
Von riesengroßen Brüsten träumt?
Von Milch, die wogend überschäumt?
Von Hawaii und Cocktails schlürfen
Von dem was die Erwachsenen dürfen?
Rock'n'Roll und Party-Leben?
Feiern, Tanzen, Geld ausgeben?

Leider, leider weiß ich's nicht
doch schau mal da in sein Gesicht
er lacht im Schlaf in sich hinein
es müssen wohl doch Brüste sein

Wie ein Baby

Der kleine Kerl wälzt sich herum
strampelt, macht den Rücken krumm
jammert, brabbelt vor sich hin
ruhig liegen steht ihm nicht im Sinn

Ruft voll Hunger nach der Brust
schnarcht im Schlaf ganz unbewusst
furzt laut und fröhlich auch zuhauf
wacht alle 2, 3 Stunden auf

Er schläft wie ein Baby
Wer hat nur diesen Satz erfunden?
Er schläft wie ein Baby
Und ich lieg wach seit Stunden

Mich tröstet nur das Babylachen
werd' jetzt aufstehen
Kaffee machen
dann totmüde zur Arbeit gehen

Ach, wär ich jetzt allein daheim
ich schlief nicht wie ein Baby
ich schliefe wie ein Stein

Lernen

Guck mal, hast du das gesehen
da, schon wieder ist's geschehen
er beginnt sich jetzt zu drehen

Von seinem Rücken auf den Bauch
andersrum versucht er's auch
doch soweit ist er wohl noch nicht
da fordert er die Eltern schlicht
hier nicht länger rumzustehen
und ihn doch wieder umzudrehen

So viel hat er schon gelernt
und ist doch noch so weit entfernt
von einer großen Menge Zielen
er kann nocht nicht allzu viel spielen
kann nicht gehen
kann nicht stehen
sich nicht auf den Rücken drehen

Schritt für Schritt, mein kleiner Mann
du fängst das schon ganz richtig an

Ode an Kaffee

In meinem bisherigen Leben
waren wir nie große Freunde
hast mir niemals viel gegeben

Wo andere so von dir schwärmten
trank ich Cola, Fanta, Sprite
lieber kühles statt erwärmtem

Nun hab ich dich für mich gefunden
in einer Zeit der tiefen Not
schlafe viel zu wenig Stunden

Kein Tag vergeht mehr ohne dich
bin vollkommen dir verfallen
schmeckst immer noch widerlich

Doch trink ich brav Tasse um Tasse
es hält mich wach drum sag ich klar:
Kaffee, du bist spitzenklasse!

Er hat Geschmack

Am Anfang war allein die Milch
doch jetzt beginnt der süße Knilch
auch auf Brezen rumzukauen
mit Brei Klamotten vollzusauen
und stückchenweise merkt man dann
was er besser leiden kann
und was für ihn ganz scheußlich schmeckt
wenn er die Zunge uns rausstreckt

Er fängt an, Geschmack zu kriegen
die Bandbreite ist schnell gestiegen
doch weil er noch nicht sprechen kann
zeigt was nicht schmeckt, der kleine Mann
durch massig ausgespucktes Essen
Zunge aus dem Mund rauspressen
mit ekelig verzogener Miene
Ein Fest für jede Waschmaschine

Ihr lieben Menschen

Ich Dank von Herzen Ihnen allen,
die sich hier so sehr bemühen
in einer Stadt groß wie Berlin
plötzlich der Idee verfallen
uns zu helfen beim erziehen

Diese Stadt, in der wir leben
ist für das Gegenteil bekannt
es soll hier ja kaum etwas geben
für das man Interesse fand
um in der Bahn den Blick zu heben

Doch nun kommen stets und ständig
fremde Menschen auf uns zu
feuern Rat um Rat unbändig
geben einfach keine Ruh

"Der schreit weil er grad essen will"
"Oh, der ist ganz sicher müde"
"Also mir sagt mein Gefühl..."
Mich nervt sie, diese Attitüde

Seid so nett und seid so klug
glaubt uns, dass wir fähig sind
wir sorgen schon für unser Kind
und kennen es auch gut genug

Vielen Dank für all den Rat
ihr könnt jetzt gerne weitergehen
noch eine gute Weiterfahrt
es gibt hier wirklich nichts zu sehen

Kitaplatz

Sehr verehrte Kita-Leiter
Sehr geehrtes Fräulein Speiter,

Ich und meine Freundin
wir wollen uns dem Zustand beugen
drum hier die Info schon vorab:
Wir planen bald ein Kind zu zeugen

Sollte uns dies auch gelingen
würden wir's von Herzen gern
in ihrer Kita unterbringen
denn die ist von uns nicht fern

Wenn ab Geburt ein Jahr vergangen
ist da dann noch ein Plätzchen frei?
Wir haben recht spät angefangen
ist unsere Chance schon vorbei?

Wir hoffen auf was Positives
in Antwort und in Schwangerschaft
dass das Glück uns soweit lieb ist
ein Kind und einen Platz verschafft
für unsere Tochter oder Sohn
ich weiß, die Chancen, die sind mau

Recht vielen Dank im Voraus schon,
Auch im Namen meiner Frau

Abstillen

Der letzte Schluck, die letzte Brust
eine Ära geht zu ende
seit Wochen sank stetig die Lust
der Ex-Säugling nimmt schon behände

Brei und Möhrchen in sich auf
lutscht Brot und Bananenmuß
da passt Milch nicht auch noch drauf
drum gib der Brust 'nen letzten Gruß

Sag dem Dekolleté adieu
ab sofort mundet es sehr
von Teewurst bis zu Cordon Bleu
du brauchst die olle Milch nich' mehr

Die Brust, die bleibt ab jetzt verschont
eine Welt voll Köstlichkeit
die sich zu entdecken lohnt
auf in eine neue Zeit

Abschiedsschmerz ist ganz normal
schau, die Brust, noch ist sie nackt
wink ihr noch ein letztes Mal
bevor die Mama sie verpackt

Bald gibt's statt Milch auch Fleisch und Fisch
dann isst du auch mit uns am Tisch
speist wo die Erwachsenen sind
Jetzt bist du schon ein großes Kind

Arno Wilhelm wurde 1988 im heutigen Chemnitz geboren, lebte viele Jahre im tiefsten Allgäu, bis es ihn für sein Informatik-Studium und aus Liebe zur Stadt nach Berlin verschlägt. In Bayern spielte er in verschiedenen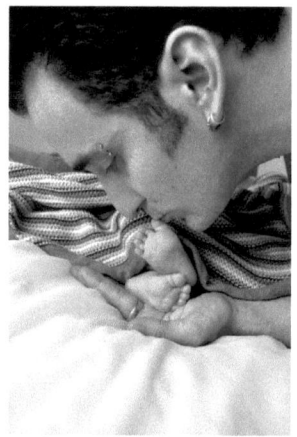
Bands, unter anderem bei „Wasted Time". Seit 2009 tritt regelmäßig auf den Slam- und Lesebühnen im Raum Berlin auf. 2011 gründet er die Lyrik-Lesebühne „Dichtungsring", die alle zwei Monate in Neukölln stattfindet. Er hat mehrere Gedichtbände veröffentlicht. Sein erster Roman „Jack Rodman – Die ganze Wahrheit" erschien im Juli 2012 bei Periplaneta Berlin.
Er lebt mit Frau und Kindern am Rand von Berlin.

Mein Dank geht an meine Frau, unsere Kinder, unsere Familien, Hendrikje, ToM, Marry und Nicole.

Homepage: www.arno-wilhelm.de
E-Mail: larry@arno-wilhelm.de
Twitter: @larrydevito
Instagram: larrydevito